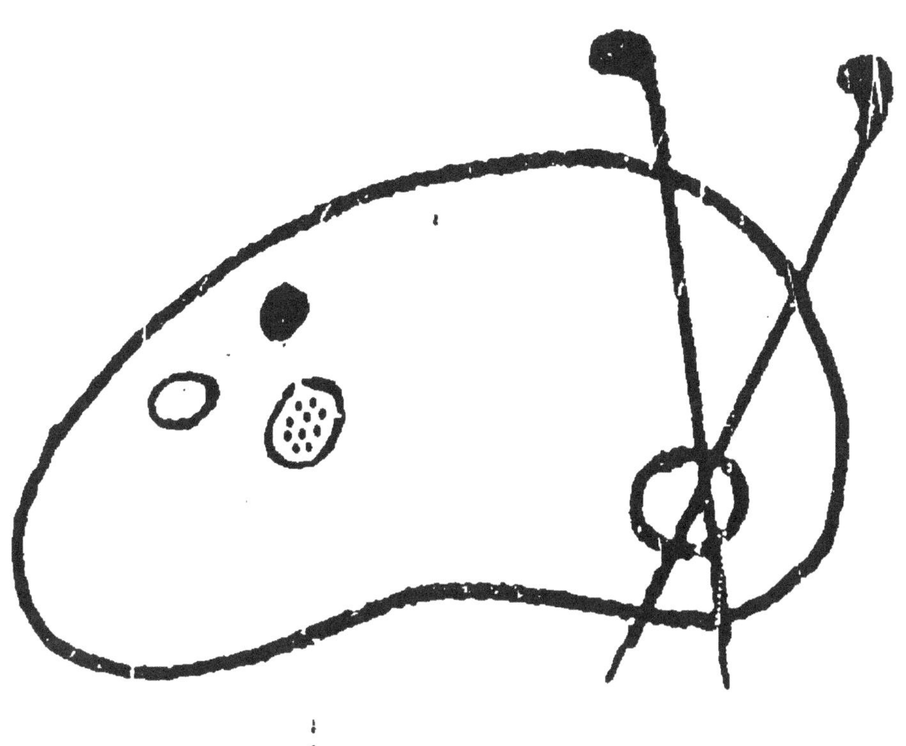

Couvertures supérieure et inférieure
en couleur

SUR LES ASSIGNATS.

Tous les bons Citoyens espèrent qu'avant d'adopter le Projet d'assignats forcés, proposé par le Comité des Finances, l'Assemblée Nationale en pèsera, dans sa sagesse, les avantages & les dangers; qu'elle examinera, d'un côté, les motifs des financiers, faiseurs de services, qui les desirent, parce qu'ils savent, qu'aussitôt après qu'ils les auront reçus en payement, ils trouveront bien les moyens de s'en défaire sans perte : de l'autre, les inconvéniens multipliés qui en résulteront pour nos relations de commerce extérieures & intérieures, dont l'équilibre sera entièrement dérangé par l'émission subite de 400 millions d'assignats forcés.

Les vrais amis de la révolution, dans l'Assemblée Nationale, sont priés de considérer aussi avec une attention particulière, si l'adoption d'une semblable ressource n'entraîneroit pas les plus fâcheuses conséquences pour la liberté & pour la propriété des Citoyens; si l'exécution de ce Projet ne détruiroit pas tous les principes de Justice que l'Assemblée a pris tant de peine à consacrer; enfin, si elle n'ébranleroit pas, jusques dans ses fonde-

A

mens, le fuperbe édifice de la Conftitution qu'elle vient de donner à la France.

La Loi de la néceffité permet à l'Affemblée Nationale de termoyer avec les créanciers de l'ancien Gouvernement, qu'elle a déclarés être ceux de la Nation ; elle lui permet de prolonger le terme de leur payement, parce qu'il lui eft d'une impoffibilité abfolue & reconnue, de s'acquitter fur - le-champ. Cette même Loi irréfiftible de la néceffité, oblige ces créanciers à confentir à une prolongation indifpenfable ; mais l'Affemblée a-t-elle le droit de les autorifer à en ufer de même envers leurs créanciers particuliers ? Peut-elle donner, à tous les débiteurs du Royaume, la faculté de s'acquitter avec des fignes dont la valeur réelle feroit devenue, par le difcrédit, inférieure à leur valeur nominale ? Non : cette Loi feroit injufte ; elle eft conféquemment au-deffus de la puiffance de l'Affemblée Nationale.

Les créanciers du Gouvernement, en traitant avec lui, favoient bien qu'ils couroient des rifques. Les intérêts qu'ils ont exigés, les profits qu'ils ont faits, ont été proportionnés. Si on leur donne en payement des affignats libres, & qu'il en réfulte pour eux quelques pertes à la négociation, d'avance ils s'y font attendus. Si les affignats font forcés, ils fe hâteront de payer leurs créanciers : la perte ne fera pas pour eux, mais pour tous les autres Citoyens qui n'avoient rien à démêler avec le Gouvernement.

Il feroit trop long de développer toutes les conféquences du projet du Comité des finances. L'Affemblée Nationale fe fouviendra fans doute que par une fatalité fingulière de tous les projets préfentés depuis fix mois par ce Comité, & par elle adoptés, il n'en eft prefque aucun qui ait eu du fuccès.

Quelques villes du Royaume, & plufieurs marchands de la Capitale demandent, dit-on, des affignats forcés. Mais en connoiffent-ils bien les dangers ? ne font-ils pas égarés par le fentiment de leur détreffe actuelle ? S'ils veulent y réfléchir, ils fentiront que du moment où les affignats forcés perdront feulement un pour cent, la prefque totalité du numéraire effectif fera paralyfée dans le Royaume. On ne verra plus que des affignats, parce que tout le monde cherchera à s'en défaire. Ainfi la circulation, loin d'être accélérée, fe trouvera prefque entièrement interrompue, puifqu'au lieu de deux milliards quatre cents millions d'efpèces, qui exiftent en France, on n'y verra plus que 400 millions d'affignats.

Il est malheureusement trop vrai que le commerce & les manufactures éprouvent depuis long-tems la plus fâcheuse & la plus alarmante stagnation ; il est également certain que les consommations de luxe & d'aisance & même celles de première nécessité sont considérablement diminuées. Mais c'est bien plutôt l'inquiétude générale, suite nécessaire d'une prodigieuse révolution, qui en est la cause, que la suspension des rentes & des autres parties arriérées. Car cette suspension ne frappe, pour ainsi dire, que sur les habitans de la capitale, ou sur les étrangers. Les provinces y sont peu intéressées. Les moyens manquent à Paris ; mais ils ne manquent pas dans les Provinces. Cependant l'inquiétude y a produit les mêmes effets, & les consommations sont ralenties également dans toutes les parties du Royaume ; le commerce & les manufactures ne reprendront leur ancien cours, que lorsque les alarmes des consommateurs seront calmées. Les assignats forcés, s'ils venoient à perdre, loin de diminuer les inquiétudes, les augmenteroient indubitablement ; ils seroient donc, sous ce point de vue, très-préjudiciables au commerce.

Le but principal de l'Assemblée Nationale doit être de faire sortir l'argent des coffres où il est renfermé. Si les assignats sont libres, l'argent reparoîtra néceffairement , parce que le débiteur qui payera en efpèces ne craindra plus , lorfqu'il fera créancier, de recevoir du papier. La circulation pourra être lente dans les deux ou trois premiers mois, mais l'achèvement de la conftitution , en ramenant le calme , la tranquillité & l'efpérance dans tous les efprits, la rétabliront infailliblement & fans fecouffe.

Si , au contraire , par l'adoption des affignats forcés, la circulation, au lieu d'être plus rapide , devenoit plus gênée & plus embarraffée qu'auparavant , comme il y a lieu de le craindre , le danger alors feroit extrême, & les fuites en feroient d'autant plus redoutables, qu'on ne voit pas quelles mefures l'Affemblée Nationale pourroit employer pour y remédier.

Mais on aura beau créer des affignats libres ou forcés, toutes ces reffources deviendront illufoires , fi on n'établit pas très-promptement l'ordre le plus févère pour les payemens des divers départemens & pour leur comptabilité.

Il exifte entre l'arriéré & les dépenfes courantes une confufion qui , tant qu'elle fubfiftera , s'oppofera au rétabliffement de l'ordre. Pourquoi paye-t-on en écus ou billets de caiffe partie de l'arriéré dû avant 1790 ? Pourquoi les financiers & les faifeurs de fervices font-ils rembourfés de leurs avances & des anticipations qui leur ont été assignées sur les revenus de cette année, sans l'aveu de l'Assemblée Nationale? Pourquoi sont-ils préférés aux autres créanciers? Les chefs de bureaux, les premiers commis seroient-ils aussi les ennemis de la constitution?

J'indique les mesures suivantes qui, en prévenant pour l'avenir ces abus, feroient enfin cesser tous les embarras, & dispenseroient d'avoir recours aux assignats forcés. Je ne cesserai de les proposer, *Qu'il soit ordonné par l'Assemblée que toutes les dépenses de la présente année 1790, après qu'elles auront été fixées pour tous les Départemens par l'Assemblee Nationale, seront payées sur les recettes de 1790.*

Que l'arriéré de tous les Départemens, dû avant 1790, sans aucune exception, même les anticipations, les rescriptions, les rentes, les pensions, &c., seront acquittées en assignats libres, portant interêt à cinq pour cent.

A l'égard des porteurs de billets de la Caisse d'Escompte, ils méritent certainement une considération particulière, & ils doivent être mis dans une classe différente.

Tous les billets de la Caisse d'Escompte seront échangés contre des assignats également libres. Mais 1°. il leur sera attribué un intérêt de six, même de sept pour cent, afin de dédommager les porteurs, de la perte éventuelle qu'ils pourroient faire; 2°. ces assignats seront remboursables avant tous les autres à la Caisse de l'Extraordinaire; 3°. ils seront reçus par tout le Royaume en payement de la contribution patriotique

L'armée, la marine, les fournisseurs, les rentiers, les pensionnaires, ne souffriront pas de cet arrangement, puisque l'année courante leur sera payée exactement; les créanciers n'en souffriront pas non plus, puisqu'ils seront remplis de tout l'arriéré qui leur est dû, en bons effets, dont ils pourront se servir.

Si le projet présenté par le Comité des dîmes est adopté, peut-on douter que des assignats libres hypothéqués sur des biens immenses, qni désormais seront dégagés de toute espèce de charges, n'obtiennent bientôt la confiance générale, & ne se négocient avec la plus grande facilité ?

Si au contraire les assignats sont forcés, malgré tous ces avantages, ils inspireront de la défiance, ils seront discrédités; l'Assemblée Nationale manquera son but, & elle aura la douleur d'avoir inutilement porté une Loi très-injuste, & contraire à tous ses principes.

DE BOISLANDRY.

A PARIS, DE L'IMPRIMERIE NATIONALE.

BIBLIOTHÈQUE
NATIONALE

CHÂTEAU
de
SABLÉ

1988